AF359520

La Vie
de
Frère Genièvre

La Vie
de
Frère Genièvre

La Vie de Frère Genièvre

TRADUITE DE L'ITALIEN PAR
ANDRÉ PÉRATÉ

ILLUSTRÉE PAR
MAURICE DENIS

PARIS
JACQUES BELTRAND
GRAVEUR - IMPRIMEUR - ÉDITEUR
MCMXXIII

'AI peine à comprendre que de sages interprètes se soient longtemps obstinés à fausser le nom de ce bon frère Genièvre, compagnon de saint François ; ils l'ont appelé Junipère. Or Juniperus, *en latin, c'est* Ginepro, *en italien, et* Genévrier, *ou plus justement* Genièvre, *en vieux français. Saint François lui-même nous l'enseigne d'un jeu de mots tout affectueux :* "Et plût à Dieu, mes frères," *disait-il,* "que de tels genièvres j'eusse une forêt pleine !" *Ce nom de Genièvre, mais à lui seul il fait par avance le portrait du compagnon : piquant et brusque, et, dans son âpreté, d'une chaleur généreuse ; adapté en perfection à la menue légende qui partage maintenant la fortune des* Fioretti.

Cette légende, que voici traduite et illustrée, se trouve jointe aux Fioretti *dans quelques manuscrits anciens ; mais les premières éditions du pieux recueil l'ont négligée ; elle n'apparaît qu'en* 1718, *dans l'édition florentine du sénateur Buonarroti, reproduite et corrigée à Vérone, en* 1822, *par le docte abbé Cesari ; et depuis lors, avec la* Vie *et la* Doctrine *de frère Gilles, elle forme un complément à peu près indispensable des histoires de saint François.*

Complément assez joyeux, pour ne pas dire comique, car le bon moine célébré par le livret a eu des aventures étranges, qui ont fait rire les frères en les édifiant. Il fut à sa façon un des apôtres de l'Ombrie et de la province romaine, missionnaire un peu compromettant parfois, mais dont la sincérité enfantine et le rire finissaient par avoir raison des froideurs les plus revêches. Sainte Claire se plaisait à le nommer "le Jongleur du Christ" ; et comment ne pas songer, ayant lu ses histoires, à notre fabliau du Jongleur de Notre-Dame, un vrai jongleur celui-là, qui, n'ayant rien autre à offrir à la Madone que ses contorsions et gambades, s'en acquitta d'un zèle si ardent qu'il fut merveilleusement récompensé : car la bénigne Mère du Christ, descendant de son autel, se pencha sur le pèlerin recru de fatigue pour lui essuyer le front, bien doucement, de son mouchoir.

Cette Vie de frère Genièvre, *on imagine aisément comme elle fut écrite par un des frères qui l'avait connu, et qui rassemblait, tout ainsi que frère Léon, mais avec moins de méthode et d'habileté, les récits qui d'un couvent à l'autre allaient se répandant et se multipliant. Barthélemy de Pise, dans sa lourde compilation du* Livre des Conformités, *n'y a pas ajouté grand'chose. Mais c'est au tome premier de l'inestimable ouvrage de Jacobilli, imprimé à Foligno en* 1647, les Vies des saints et bienheureux de l'Ombrie, *que l'on trouvera tout ce qu'il est possible de savoir du cher disciple de saint François.*

" Le bienheureux frère Genièvre naquit dans la Cité d'Assise, et fut en 1210 *vêtu de son Ordre Mineur par le Père saint François, et devint son très aimé disciple, de lui estimé pour un des plus parfaits qu'il eût. Il était si bien fondé dans les stables et fermes fondements de l'humilité, patience, mépris du Monde et de soi-même, que nulle tentation du Démon ni persécution du Monde ne le pouvaient jamais séparer de sa perfection. Dans les premiers six mois de son Noviciat il ne parla jamais ". Et l'excellent Jacobilli commence de classer, à leur date vraisemblable, les histoires que nous verrons tout à l'heure. Saint François, nous dit-il, envoie quelques-uns de ses*

disciples à Gualdo, dans le diocèse de Nocera, et parmi eux frère Genièvre, accompagné du frère Fève, qui était un religieux " de très âpre pénitence". La mission porte ses fruits sans tarder, et en 1216 les habitants de Gualdo leur construisent un ermitage et un oratoire, en l'honneur des saints Étienne et Laurent, martyrs. " Ce bienheureux demeura quelque temps en cet ermitage, le sanctifiant avec les oraisons, avec les veilles et pénitences, et autres bonnes œuvres ; et le Père saint François vint les visiter, se consolant outre mesure de voir lui et ses compagnons pleins d'esprit de charité, et paraissant non pas hommes, mais Anges du Ciel".

Après l'histoire du tyran Nicolas, et celle du jeu de la bascule, en vient une qu'on ne lit pas ailleurs, sinon dans Barthélemy de Pise, et qu'il faut donc traduire : " Il lui fut ordonné un jour de son supérieur, qu'il allât chez un gentilhomme qui moult avait désir de sa conversation : et y étant allé, ne pouvant contredire à l'obéissance, ce gentilhomme s'efforça tout ce jour à le faire parler, et répondre à toutes ses interrogations ; onc ne put avoir de lui une bonne parole. Pensant alors qu'advint cela pour être fatigué, l'introduisit en une chambre à reposer ; et le matin de bonne heure sans dire un mot se partit frère Genièvre, laissant le lit retourné dessus dessous, pour être estimé fol. Revenant le gentilhomme pour le revoir, demeura (comme il le voulait) moult scandalisé de lui ; et en fit plainte aux frères, lesquels le reprirent d'avoir scandalisé cet ami ; dont lui, jubilant dedans et dehors, les aidait à se reprendre soi-même, disant que non seulement il était digne de répréhension, mais de châtiment encore". Suivent là-dessus les délicieux récits du porc au pied coupé, et de l'habit volé par le pauvre, et les enseignements et les extases du vieillard. Et " finalement ayant vécu avec grande perfection, il passa de cette vie et fut par le Seigneur transporté dans son Royaume le 4 de Janvier, l'an 1258 de Notre Seigneur. Son corps fut avec vénération enseveli dans le couvent d'Araceli de Rome ; dont le tombeau fut restauré et orné l'an 1620".

Voilà tout ce que nous pouvons savoir de frère Genièvre. Mais, au travers des pages naïves, une nouvelle figure nous apparaît, celle du franciscain joyeux, du capucin, qui va divertir désormais les conteurs populaires. Quelques traits en sont ébauchés déjà dans la figure du Père Séraphique : l'absolu mépris du monde et de ses jugements, l'âpre désir de la mortification, la garde constante du démon et de ses embûches ; que l'on se rappelle l'admirable histoire de la tentation de frère Rufin, et le désarroi du diable sous la réponse énergiquement brève suggérée par saint François. Frère Genièvre est un disciple selon le cœur du maître ; seulement il exagère, et la sainte folie de la Croix qui le possède se complique d'un léger dérangement cérébral, bien compréhensible après les mauvais traitements que lui a infligés à Spolète le tyran Nicolas. Elles sont un peu grosses parfois, ces plaisanteries franciscaines ; ailleurs que dans les contes, où elles ne restent pas toujours innocentes, on en trouvera l'écho dans les prédications du moyen âge. On accorde volontiers aux saints un peu d'exagération en toutes choses ; et saint Philippe de Neri, qui n'était point capucin cependant, a cherché plus d'une fois l'humiliation et le scandale selon les méthodes radicales du bon frère Genièvre. Il y aurait là peut-être un beau sujet d'étude, mais qui n'est point l'affaire de ce livre.

Nous avons pensé qu'il convenait de lui donner, à ce livret rustique, une parure assez différente de celle de nos Fioretti. *Maurice Denis s'est laissé tenter par la fantaisie candide, par le rire du couvent ; et les images qu'il en a retracées ont une verve abondante et nouvelle ; elles sont devenues, par leur dimension plus grande, de véritables tableaux, dont les bois de Jacques Beltrand nous conservent toute la fraîcheur. Oublions un instant le haut mystère de l'Alverne pour nous réjouir avec les compagnons du saint ; le théâtre pieux autrefois était tout animé de ces contrastes. Ce n'est plus le glorieux Petit Pauvre qui va revivre devant nous ; c'est le charitable, innocent et plaisant Jongleur du Christ.*

COMMENT IL COUPA LE PIED A UN PORC, SEULEMENT POUR LE DONNER A UN MALADE

N des très élus premiers disciples et compagnons de saint François fut frère Genièvre, homme de profonde humilité et de grande ferveur et charité, de qui saint François, parlant une fois avec ses siens saints compagnons, dit : Icelui serait bon frère mineur qui aurait ainsi vaincu soi et le monde comme frère Genièvre. Une fois, à Sainte Marie des Anges, comme enflammé de charité de Dieu, visitant un frère malade, avec moult compassion lui demanda : Puis-je te faire service d'aucune sorte ? Répondit le malade : Moult me serait grande consolation, si tu me pouvais faire que j'eusse un petit pied de porc. Dit tout soudain frère Genièvre : Laisse faire à moi, que je l'aurais incontinent ; et va, et prend un couteau, je crois de cuisine, et en ferveur d'esprit va par le bois où étaient certains porcs à paître, et se jette sur le dos à l'un, et lui coupe le pied et fuit, laissant le porc avec le pied tranché ; et retourne, et lave et apprête et cuit ce pied ; et avec moult diligence, bien accommodé, porte au malade le dit pied avec moult charité. Et ce

malade le mange avec grande avidité, non sans moult consolation et liesse de frère Genièvre, lequel, avec grande joie, pour faire fête à ce malade, contrefaisait les tressauts de ce porc. Cependant celui qui gardait les porcs, et qui vit ce frère couper le pied, avec grande amertume rapporta toute l'histoire par ordre à son maître. Et ce maître informé du fait vient au logis des frères, les appelant hypocrites, petits larrons et faussaires, malandrins et males personnes, pour ce qu'avaient coupé le pied à son porc. A telle rumeur que cettui faisait, y vint saint François et tous ses frères, avec toute humilité excusant les siens frères et comme ignorant du fait, pour apaiser cettui, promettant de le restaurer de tout son dam. Mais par tout cela pourtant cettui n'est apaisé ; mais avec moult colère, vilenie et menaces, irrité se part des frères, répétant encore et encore comme par malice ils avaient coupé le pied à son porc ; et ne recevant aucune excuse ni promesse, se partit ainsi scandalisé. Et saint François, plein de prudence, tous les autres frères étant stupéfaits, pensa et dit en son cœur : Frère Genièvre aurait-il point fait cela par zèle indiscret ? Et fit secrètement appeler à soi frère Genièvre, et lui demanda : Aurais-tu coupé le pied à un porc dans le bois ? A quoi frère Genièvre, non comme personne qui eût commis une faute, mais comme personne qui lui paraissait avoir fait une grande charité, tout joyeux, répondit et dit : Mon doux père, il est vrai que j'ai tranché au dit porc un pied ; et la cause, père mien, si tu veux, ouïs avec patience. J'allais visiter ce tel frère malade ; et par ordre il raconte tout le fait, et puis ajoute : Et donc je te dis que, considérant la consolation que ce frère nôtre s'est réconforté après ledit pied, si j'eusse à cent porcs tranché les pieds comme à un, je crois certainement que Dieu l'eût eu pour bon. A quoi saint François, avec un zèle de justice et avec grande amertume, dit : O frère Genièvre, ores pourquoi as-tu fait aussi grand scandale ? Non sans cause cet homme se deult et

est aussi irrité contre nous : et peut-être qu'il est ores par la cité nous diffamant pour telle faute ; et à grand raison. Dont je te commande, par sainte obéissance, que tu coures après lui tant que tu le joignes, et jette-toi en terre étendu et dis-lui ta coulpe, lui promettant de faire satisfaction telle et ainsi faite, qu'il n'ait matière de se plaindre de nous : car sûrement ç'a été un trop grand excès. Frère Genièvre fut moult en admiration des susdites paroles ; et les frères demeuraient étonnés, s'émerveillant que de tel acte charitable il ne se dût en rien troubler : pour autant que lui paraissait que ces choses temporelles ne fussent rien, sinon en tant qu'elles sont charitablement communiquées avec le prochain. Il répondit : Ne doute pas, père mien, que sans tarder je le paierai et le ferai content. Et pourquoi doit-il être ainsi fâché, comme ainsi soit que ce porc, auquel j'ai coupé le pied, était plutôt de Dieu que sien, et en a été faite si grande charité ? Il court, ou bien s'en va de suite, et joint cet homme, lequel était fâché et sans aucune mesure, et en qui n'était point resté de patience, et raconte à cettui comment et pour quelle cause il a tranché le pied au dit porc, et avec telle ferveur et exultation et joie, tout comme personne qui lui eût rendu un grand service, pour lequel il dût être de lui moult rémunéré. Cettui, plein de colère et vaincu par la fureur, dit à frère Genièvre moult vilenies, l'appelant extravagant et stupide petit larron, le pire des malandrins. Frère Genièvre de ces paroles si vilaines point ne se soucie, s'émerveillant comme ainsi soit qu'avec l'aide de Dieu il se délectât dans les injures ; et crut qu'il ne l'avait bien entendu, pour ce qu'il lui paraissait matière de joie et non de rancœur ; et répéta la susdite histoire, et se jeta au cou de cettui et l'embrassa et le baisa : et dit comment ce fut fait seulement par charité, l'invitant et le priant de faire semblablement du reste en telle charité et simplicité et humilité, que cet homme, retourné en soi, non sans moult larmes se jeta en terre ; et se repentant de l'injure faite et dite à ces saints frères, va et prend ce porc et le tue, et l'ayant cuit le porte avec moult dévotion et avec grands pleurs à Sainte Marie des Anges : et le donna à manger à ces saints frères, pour la compensation de l'injure à eux dite et faite. Saint François, considérant la simplicité et le savoir moult supporter, et telle patience dans les adversités dudit saint frère Genièvre, dit à ses compagnons et à tous les autres qui l'entouraient : Frères miens, voulût Dieu que de tels genièvres j'en eusse une grande forêt ! A la louange de Jésus Christ et du petit pauvre François. Amen.

EXEMPLE DE FRÈRE GENIÈVRE,
DE GRANDE PATIENCE CONTRE LE DÉMON

OURQUOI les Démons ne pouvaient soutenir la pureté de l'innocence et profonde humilité de frère Genièvre, bien nous apparaît en ceci : qu'une fois un possédé du Démon, contre toutes ses habitudes et avec moult détours se jetant hors du chemin, d'une course soudaine s'enfuit par divers côtés l'espace de sept milles ; et lui ayant demandé ses parents, lesquels le suivaient avec grande amertume, pourquoi il avait fait tant de détours en fuyant, il répondit : La cause est celle-ci : pour ce que ce fol de Genièvre passait par ce chemin ; ne pouvant soutenir sa présence, ni attendre, je me suis enfui parmi ces bois. Et s'assurant de cette vérité, ils trouvèrent que frère Genièvre à cette heure était venu, tout comme le Démon avait dit. Dont saint François, quand lui étaient menés les possédés afin qu'ils guérissent, s'ils ne se partaient tout soudain à son commandement, disait : Si tu ne sors tout soudain de cette créature, je te ferai venir contre toi frère Genièvre ; et alors le Démon, craignant la présence de frère Genièvre, et ne pouvant

soutenir la vertu et l'humilité de saint François, tout soudain se partait. A la louange de Jésus Christ et du petit pauvre François. Amen.

COMMENT,
PAR PROCURATION DU DÉMON, FRÈRE GENIÈVRE
FUT CONDAMNÉ AUX FOURCHES

NE fois, voulant le Démon susciter à frère Genièvre scandale et tribulation, s'en alla à un très cruel tyran qui avait nom Nicolas, lequel alors avait guerre avec la cité de Viterbe, et dit : Seigneur, gardez bien ce castel vôtre, pour ce que incontinent doit venir ici un grand traître, envoyé des Viterbois, afin de vous occire, et de mettre feu dans le castel. Et que cela soit vrai, je vous en donne ces signes. Il va à la manière d'un petit pauvre, avec des vêtements tout rompus et rapiécés, et avec le capuchon retourné sur l'épaule et déchiré ; et porte avec soi une alène, avec laquelle il vous doit occire, et au côté un fusil, avec lequel il doit mettre feu en ce castel ; et si vous ne le trouvez vrai, faites de moi toute justice. A ces paroles Nicolas le tyran craignit du tout et trembla et eut grand peur, pour ce que celui qui lui disait ces paroles paraissait personne d'importance. Il commande que les gardes se fassent avec diligence, et si cet homme avec les susdits signes vient, que tout soudain il soit représenté devant lui. Entre temps vient frère Genièvre seul, qui pour sa vertu avait licence d'aller et demeurer seul, selon son plaisir. Et se rencontra frère Genièvre avec quelques mauvais garçons, lesquels, se moquant, commencèrent à faire grande raillerie de frère Genièvre. De tout cela ne se fâchait, mais plutôt induisait iceux à faire de soi plus grandes moqueries. Et arrivant à la porte du castel, les gardes voyant cettui ainsi défiguré, avec l'habit rétréci et tout déchiré, pour ce que l'habit par le chemin l'avait donné en partie pour l'amour de

Dieu aux pauvres, et n'avait aucune apparence de frère mineur ; pour ce que les signes donnés manifestement apparaissaient, avec fureur il est mené devant ce tyran Nicolas ; et recherchant les serviteurs s'il avait armes pour nuire, lui trouvèrent dans la manche une alène, avec laquelle il se raccommodait les sandales, et encore lui trouvèrent un fusil, lequel il portait pour faire du feu, pour ce qu'il avait le temps à ce faire, et souventes fois habitait par les bois et déserts. Voyant Nicolas les signes en cettui, selon l'information du Démon accusateur, commanda que lui fût garrottée la tête, et ainsi fut fait ; et avec tant de cruauté, que toute la corde lui entra dans la chair. Et puis le mit au chevalet et lui fit tirer et estraper les bras, et tout le corps gâter, et sans aucune miséricorde. Et, demandé qui il était, répondit : Je suis un grandissime pécheur. Et, demandé s'il voulait trahir le castel et le donner aux Viterbois, répondit : Je suis le plus grand traître, et indigne de tout bien. Et, demandé s'il voulait avec cette alène occire Nicolas le tyran, et ardre le castel, répondit : Et trop pires choses et plus grandes ferais-je, si Dieu le permettait. Et ce Nicolas, vaincu par sa colère, ne voulut faire autre examen ; mais sans aucun temps de délai, en fureur juge que frère Genièvre, comme traître et homicide, soit lié à la queue d'un cheval, et traîné par la terre jusques aux fourches, et là soit tout soudain pendu par la gorge. Et frère Genièvre de tout cela aucune excuse ni tristesse ne fait et ne prend ; mais comme personne qui pour l'amour de Dieu se complaisait dans les tribulations, demeurait tout joyeux et allègre. Et mis à exécution le commandement du tyran, et lié frère Genièvre par les pieds à la queue d'un cheval et traîné par la terre, ne se plaignait ni ne se doulait ; mais comme un agneau paisible mené à la boucherie, allait avec toute humilité. A ce spectacle et soudaine justice accourt tout le peuple à voir faire justice de cettui en hâte et cruauté, et point n'était reconnu. Néanmoins, comme Dieu voulut, un bon homme qui avait vu prendre frère Genièvre, et tout soudain en voyait faire justice, court au logis des frères mineurs, et dit : Pour Dieu, je vous prie que veniez bientôt, pour ce qu'a été pris un petit pauvre, et tout soudain a été donnée la sentence, et il est mené à mort ; venez, qu'au moins il puisse remettre l'âme en vos mains, pour ce qu'il me paraît une bonne personne ; et il n'a eu le temps de se pouvoir confesser, et il est mené pendre, et ne paraît point que de la mort se soucie, ni du salut de son âme ; qu'il vous plaise de venir bientôt. Le gardien, qui était un homme pitoyable, va tout soudain, afin de pourvoir à son salut ; et arrivant, la foule était déjà si multipliée à voir cette exécution, qu'il ne pouvait avoir l'entrée ; et cettui demeurait, et attendait le moment ; et ainsi attendant ouït une voix parmi la foule qui disait : Ne faites pas, ne faites pas, petits méchants, que vous me faites mal aux jambes. A cette voix prit soupçon le gardien que ce ne fût frère Genièvre ; et en ferveur d'esprit se jette parmi ces gens et écarte le bandeau de la face de cettui ; et alors il connut vraiment qu'il était frère Genièvre ; pourquoi le gardien voulut par compassion se retirer la tunique et en revêtir frère Genièvre. Et lui, avec face joyeuse, presque riant, disait : O gardien, tu es gras, et il paraîtrait trop mal de voir ta nudité ; je ne le veux. Alors le gardien avec grands pleurs prie ces exécuteurs et tout le peuple qu'ils doivent par pitié attendre un peu, à tant qu'il aille prier le tyran pour frère Genièvre, que de lui il veuille lui faire grâce. Ayant consenti les exécuteurs et certains assistants, croyant vraiment qu'il fût de son parentage, s'en va le dévot et pitoyable gardien à Nicolas le tyran avec pleurs amers, et dit : Seigneur, je suis en tel étonnement et amertume, qu'avec la langue je ne le pourrais conter ; pour autant qu'il me paraît qu'en cette terre soit aujourd'hui commis le plus grand péché et le plus grand mal qui fut onques fait aux jours de nos ancêtres ; et je crois qu'il a été

fait par ignorance. Nicolas oit le gardien avec patience, et demande au gardien : Quelle est la grande faute et le mal qui a été aujourd'hui commis en cette terre ? Répondit le gardien :

Mon seigneur, c'est qu'un des plus saints frères qui soit aujourd'hui à l'Ordre de saint François, de qui vous êtes dévot singulièrement, vous l'avez condamné à si cruel châtiment, je crois certainement, sans aucune raison. Dit Nicolas : Ores dis-moi, gardien, qui est celui-là ? que peut-être ne le connaissant, j'ai commis grande faute. Dit le gardien : Celui que vous avez condamné à mort, est frère Genièvre, compagnon de saint François. Stupéfait, Nicolas le tyran, pour ce qu'il avait ouï de la renommée et de la sainte vie de frère Genièvre, et comme étourdi, tout pâle, se prit à courir ensemble avec le gardien, et il arrive à frère Genièvre, et le détache de la queue du cheval et le délivre, et en présence de tout le peuple se jette étendu en terre devant frère Genièvre, et avec grandissime pleur dit sa coulpe de l'injure et de la vilenie qu'il avait fait faire à ce saint frère ; et il ajouta : Je crois vraiment que les jours de ma vie mauvaise s'approchent du terme, depuis que j'ai tourmenté ainsi sans aucune raison ce tant saint homme. Dieu permettra à ma mauvaise vie que je mourrai dans peu de jours de mauvaise mort, combien que je l'aie fait par ignorance. Frère Genièvre pardonna à Nicolas libéralement ; mais Dieu permit, à peu de jours de là passés, que ce Nicolas le tyran finît sa vie par une moult cruelle mort ; et frère Genièvre se partit, laissant tout le peuple bien édifié. A la louange de Jésus Christ et du petit pauvre François. Amen.

COMMENT FRÈRE GENIÈVRE
DONNAIT AUX PAUVRES CE QU'IL POUVAIT,
POUR L'AMOUR DE DIEU

RÈRE Genièvre avait tant de pitié et de compassion aux pauvres que, s'il en voyait aucun qui fût mal vêtu ou nu, tout soudain il ôtait sa tunique, ou le capuchon de sa chape, et le donnait à ce pauvre ; et partant le gardien lui commanda par obéissance qu'il ne donnât à aucun pauvre toute sa tunique, ou partie de son habit. Advint par hasard que à peu de jours de là il rencontra un pauvre quasi tout nu, demandant à frère Genièvre l'aumône pour l'amour de Dieu ; auquel avec moult compassion il dit : Je n'ai rien que je te puisse donner, sinon la tunique ; et je tiens de mon prélat, par obéissance, que je ne la puis donner à personne, ni partie de mon habit ; mais si tu me la tires du dos, je ne te contredis point. Il ne le dit à un sourd ; car tout soudain ce pauvre lui tire la tunique à rebours, et s'en va avec elle, laissant frère Genièvre nu. Et retournant au couvent, lui fut demandé où était la tunique, et il répondit : Une bonne personne me l'a tirée du dos, et s'en est allée avec elle. Et croissant en lui la vertu de la pitié, il n'était content de donner seulement sa tunique, mais donnait les livres, parements et manteaux, et ce qui lui venait aux mains le donnait aux pauvres. Et pour cette cause les frères ne laissaient les choses dehors, pour ce que frère Genièvre donnait toute chose pour l'amour de Dieu, et à sa louange. A la louange de Jésus Christ et du petit pauvre François. Amen.

COMMENT FRÈRE GENIÈVRE
DÉTACHA CERTAINES CLOCHETTES DE L'AUTEL,
ET LES DONNA POUR L'AMOUR DE DIEU

TANT une fois frère Genièvre à Assise pour la Nativité du Christ en profonde méditation devant l'autel du couvent, lequel autel était moult bien paré et orné, à la prière du sacristain resta à la garde du dit autel frère Genièvre, durant que le sacristain allait un peu manger. Et demeurant en dévote méditation, une pauvre petite femme lui demanda l'aumône pour l'amour de Dieu. A qui frère Genièvre répondit ainsi : Attends un peu, et je verrai si de cet autel ainsi orné je te puis donner aucune chose. Y avait à cet autel un parement d'or moult orné et magnifique, avec des clochettes d'argent de grande valeur. Dit frère Genièvre : Ces clochettes sont de superflu ; et prend un couteau, et toutes les détache du parement, et les donne à cette pauvre femme par pitié. Le sacristain, après qu'il eut mangé trois ou quatre bouchées, se recorda les façons de frère Genièvre, et commença fort à douter que de l'autel ainsi orné, lequel il lui avait laissé en garde, il ne lui fît sujet de scandale, par zèle de charité. Et tout soudain se lève de table, et s'en va dans l'église, et regarde si l'ornement de l'autel est dérangé, ou rien enlevé ; et voit du parement coupées et détachées les clochettes ; de quoi fut sans aucune mesure fâché et scandalisé. Frère Genièvre voit cettui ainsi angoissé, et dit : Ne te fâche pas de ces clochettes, pour ce que je les ai données à une pauvre femme qui en avait grandissime besoin, et ici n'étaient utiles à rien, sinon qu'étaient une telle somptuosité mondaine et vaine. Oyant cela, le sacristain affligé tout soudain courut par l'église et par toute la ville, si par aventure il pût retrouver cette femme ; mais non seulement il ne la trouva, mais ne trouva personne qui l'eût vue. Il retourna au couvent, et en furie enleva le parement et le porta au général, qui était à Assise, et dit :

Père général, je vous demande justice de frère Genièvre, lequel m'a gâté ce parement, lequel était le plus honorable qui fût dans la sacristie ; ores voyez comme l'a gâté, et en a détaché toutes les clochettes d'argent, et dit qu'il les a données à une pauvre femme. Répondit le général : Ce n'a fait frère Genièvre, ains l'a fait ta folie ; pour ce que tu dois bien désormais connaître ses façons ; et je te dis que je m'émerveille qu'il n'ait donné tout le devant ; mais néanmoins je le corrigerai bien de cette faute. Et tous les frères convoqués ensemble en chapitre, fit appeler frère Genièvre ; et en présence de tout le couvent le reprit moult âprement pour les susdites clochettes ; et tellement crut en fureur, élevant la voix, qu'il devint comme enroué. Frère Genièvre de ces paroles eut peu cure et quasi nulle ; pour ce que des injures se délectait, quand il était bien avili ; mais par compassion de l'enrouement du général, commença de penser au remède. Et après qu'il a été chapitré par le général, s'en va frère Genièvre à la ville et ordonne et fait faire une bonne écuelle de bouillie au beurre ; et, passée une bonne partie de la nuit, va et retourne, et allume une chandelle, et s'en va avec cette écuelle de bouillie à la cellule du général, et frappe. Le général ouvre, et voit cettui avec la chandelle allumée, et avec l'écuelle en main, et doucement demande : Qu'est ceci ? Répond frère Genièvre : Père mien, aujourd'hui quand vous me reprîtes de mes défauts, je vis que la voix vous devint rauque, par trop de fatigue, je crois ; et pour ce je pensai au remède, et fis faire cette bouillie ; pourquoi je te prie que tu la manges ; car je te dis qu'elle te dilatera la poitrine et la gorge. Dit le général : Quelle heure est-il, pour que tu ailles importuner autrui ? Répondit frère Genièvre : Vois, elle est faite pour toi ; je te prie, sans penser à autre chose, que tu la manges, pour ce qu'elle te fera moult bien. Et le général, fâché de l'heure tardive et de son importunité, commanda qu'il s'en allât, parce qu'à telle heure il ne voulait manger, l'appelant de nom très vilain et méchant. Voyant frère Genièvre que ni prières ni flatteries ne valent, dit ainsi : Père mien, puisque tu ne veux manger, et qu'était faite pour toi cette bouillie, fais au moins ceci pour moi, que tu me tiennes la chandelle, et je la mangerai. Et le général, comme pitoyable et dévote personne, considérant la piété et simplicité de frère Genièvre, et qu'il faisait tout cela par dévotion, répond : Or bien, puisque tu le veux tout de même, mangeons ensemble toi et moi. Et tous deux mangèrent

cette écuelle de bouillie, pour une importune charité. Et furent moult plus récréés de dévotion que du repas. A la louange de Jésus Christ et du petit pauvre François. Amen.

COMMENT
FRÈRE GENIÈVRE OBSERVA LE SILENCE SIX MOIS

RÈRE Genièvre décida une fois d'observer le silence six mois, en cette façon. Le premier jour, par amour du Père céleste. Le second jour, par amour de Jésus Christ son fils. Le tiers jour, par amour de l'Esprit Saint. Le quart jour, par révérence de la très sainte Vierge Marie ; et ainsi par ordre, chaque jour par amour de quelque saint serviteur de Dieu, il demeura par dévotion six mois sans parler. A la louange de Jésus Christ et du petit pauvre François. Amen.

EXEMPLE
CONTRE LES TENTATIONS DE LA CHAIR

TANT une fois réunis frère Gilles et frère Simon d'Assise et frère Rufin et frère Genièvre à parler de Dieu et du salut de l'âme, dit aux autres frère Gilles : Comment faites-vous avec les tentations du péché charnel ? Dit frère Simon : Je considère la vileté et la turpitude du péché charnel, et de ce me vient ensuite une grande abomination, et ainsi je m'en tire. Dit frère Rufin : Je me jette en terre de mon long, et tant demeure en oraison, priant la clémence de Dieu et la Mère de Jésus Christ, que je me sens du tout délivré. Répondit frère Genièvre : Quand je sens le vacarme de la diabolique suggestion charnelle, soudain je cours et ferme l'huis de mon cœur, et pour la sécurité de la forteresse de mon cœur je m'occupe en saintes méditations et saints désirs ; en sorte que, quand vient la suggestion charnelle et heurte à l'huis du cœur, comme du dedans je réponds : Dehors, pour ce que l'auberge est déjà prise, et çà dedans ne peut-on plus entrer ; et ainsi je ne permets onques au penser charnel d'entrer au dedans de mon cœur ; de quoi se voyant vaincu, comme déconfit il se part, non seulement de moi, mais de toute la contrée. Répond frère Gilles, et dit : Frère Genièvre, je tiens avec toi, pour ce que avec l'ennemi de la chair on ne peut mieux combattre qu'en fuyant ; pour ce que au dedans par le traître appétit charnel, au dehors par les sens du corps, tel et si fort ennemi se fait sentir, que ne fuyant pas on ne peut vaincre. Et donc qui autrement veut combattre, avec la fatigue de la bataille de rares fois a la victoire. Fuis donc le vice, et tu seras victorieux.

COMMENT FRÈRE GENIÈVRE
S'AVILIT SOI-MÊME, A LA LOUANGE DE DIEU.
AMEN

NE fois frère Genièvre, se voulant bien avilir, se dépouilla tout nu, et se mit ses vêtements sur le chef, ayant fait comme un fardeau de son habit, et entre ainsi nu dans Viterbe, et s'en va dessus la place publique pour sa dérision. Etant là cettui tout nu, les enfants et jeunes gens, le réputant hors de sens, lui firent moult vilenies, lui jetant moult fange à dos, et le frappant avec les pierres, et le poussant fort de çà et de là, avec moult paroles de dérision ; et ainsi frappé et bafoué demeura un grand espace du jour ; puis ainsi déshabillé s'en alla au couvent. Et le voyant ainsi déshabillé, les frères eurent grande irritation contre lui. Et principalement, parce que par toute la ville il était venu ainsi nu avec son fardeau sur le chef, le reprirent moult durement, lui faisant grandes menaces. Et l'un disait : Mettons-le en prison ; et l'autre disait : Pendons-le ; et les autres disaient : On ne pourrait faire trop grande justice de si mauvais exemple que cettui a donné aujourd'hui de soi et de tout l'Ordre. Et frère Genièvre tout joyeux, en toute humilité,

répondait : Bien vrai dites-vous, pour ce que de toutes ces peines je suis digne, et de moult davantage. A la louange de Jésus Christ et du petit pauvre François. Amen.

COMMENT FRÈRE GENIÈVRE,
POUR S'AVILIR, FIT LE JEU DE LA BALANÇOIRE

LLANT une fois frère Genièvre à Rome, où le renom de sa sainteté était déjà divulgué, moult Romains par grande dévotion allèrent à sa rencontre; et frère Genièvre, voyant telle foule venir, s'imagina de faire tourner leur dévotion en fable et en moquerie. Y avait là deux enfants, qui jouaient à la balançoire, c'est à dire qu'ils avaient mis une poutre de travers sur une autre, et chacun se tenait de son côté, et ils allaient en haut et en bas. Vient frère Genièvre, et retire un de ces enfants de la poutre, et y monte dessus, et commence à balancer. Cependant les gens arrivent, et s'émerveillaient du balancement de frère Genièvre; néanmoins avec grande dévotion le saluèrent, et attendaient qu'il achevât le jeu de la balançoire, pour l'accompagner ensuite honorablement jusques au couvent. Et frère Genièvre de leur salutation et révérence et de leur attente peu se souciait, mais poussait fort la balançoire. Et ainsi attendant par un grand espace de temps, d'aucuns commencèrent à s'ennuyer et à dire : Quelle grosse bête est cettui-là ? D'aucuns, connaissant ses façons, crûrent en dévotion plus grande; néanmoins tous se partirent, et laissèrent frère Genièvre dessus la balançoire. Et tous étant partis, frère Genièvre demeura tout consolé, pour ce qu'il vit d'aucuns qui avaient fait de lui des moqueries. Il se mit en route, et entra

dans Rome en toute mansuétude et humilité, et parvint au couvent des frères Mineurs. A la louange de Jésus Christ et du petit pauvre François. Amen.

COMMENT FRÈRE GENIÈVRE FIT UNE FOIS
LA CUISINE DES FRÈRES POUR QUINZE JOURS

ÉTANT une fois frère Genièvre dans un petit couvent de frères, pour certaine cause importante tous les frères eurent à aller dehors, et seul frère Genièvre demeura au logis. Le gardien dit : Frère Genièvre, nous allons tous dehors ; et pour ce fais en sorte que, quand nous rentrerons, tu aies fait un peu de cuisine pour récréer les frères. Répondit frère Genièvre : Moult volontiers ; laissez faire à moi. Étant tous les frères, comme il a été dit, allés dehors, dit frère Genièvre : Quelle sollicitude superflue est celle-là, qu'un frère demeure perdu en cuisine, et retiré de toute oraison ? Pour sûr, puisque je suis resté ici à cuisiner cette fois, j'en ferai tant, que tous les frères, et s'ils étaient encore davantage, en auront bien pour quinze jours. Et ainsi tout plein de sollicitude va au village, et emprunte plusieurs grandes marmites pour cuire, et quête de la viande fraîche et sèche, des poulets, des œufs et des herbes, et ramasse du bois abondamment, et met tout au feu, à savoir les poulets avec les plumes et les œufs avec la coque, et conséquemment toutes les autres choses. Retournant les frères au couvent, un qui était bien instruit de la simplicité de frère Genièvre, entre en cuisine, et voit toutes ces si grandes marmites sur un feu démesuré ; et se met à s'asseoir, et avec admiration considère et ne dit rien, et regarde avec quelle sollicitude frère Genièvre fait cette cuisine. Pour ce que le feu était moult grand, et il ne pouvait trop bien s'approcher pour écumer les marmites, il avait pris une planche, et avec une corde se l'était liée au corps moult bien serrée, et puis sautait d'une marmite à l'autre,

que c'était un plaisir de le voir. Ce frère, considérant toute chose à sa grande récréation, sort de la cuisine, et trouve les autres frères et dit : Je puis vous dire que frère Genièvre nous prépare une noce. Les frères tinrent ce dire pour une plaisanterie. Et frère Genièvre enlève ces marmites du feu, et fait sonner à manger ; et les frères entrent à table, et il s'en vient au réfectoire avec cette sienne cuisine, tout rubicond par la fatigue et par la chaleur du feu, et dit aux frères : Mangez bien, et puis allons tous à l'oraison, et qu'il n'y ait plus personne qui songe en ces temps-ci à cuisiner ; pour ce que j'ai fait tant de cuisine aujourd'hui, que j'en aurai bien pour plus de quinze jours. Et il pose cette sienne pâtée à table devant les frères, qu'il n'y a porc en terre de Rome si affamé, qui en eût mangé. Frère Genièvre loue cette sienne cuisine, pour en assurer le débit ; et déjà il voit que les autres frères n'en mangent, et dit : Ores ces poules que voilà vous vont conforter l'estomac, et cette cuisine vous tiendra le corps humide, pour ce qu'elle est si bonne. Et demeurant les frères en telle admiration et dévotion à considérer la dévotion et simplicité de frère Genièvre, le gardien fâché de telle folie et de tant de bien perdu, reprend moult âprement frère Genièvre. Alors frère Genièvre se jette subitement en terre à genoux devant le gardien, et dit humblement sa coulpe à lui et à tous les frères, disant : Je suis le pire des hommes. Un tel a commis tel péché, pour lequel les yeux lui furent crevés ; mais j'en étais bien plus digne que lui. Un tel fut pendu pour ses fautes ; mais je le mérite bien davantage pour mes perverses opérations ; et ores j'ai été dissipateur de tant de bienfaits de Dieu et de l'Ordre ! Et tout ainsi s'affligeant se partit, et tout ce jour n'apparut où y avait un seul frère. Et alors le gardien dit : Frères miens très chers, je voudrais que chaque jour ce frère, comme aujourd'hui, gaspillât autant de bien, si nous le possédions, et seulement pour qu'il en eût son édification ; pour ce que grande simplicité et charité lui ont fait faire ceci. A la louange de Jésus Christ et du petit pauvre François. Amen.

COMMENT FRÈRE GENIÈVRE
ALLA UNE FOIS A ASSISE POUR SA CONFUSION

UNE fois, frère Genièvre demeurant dans la vallée de Spolète, et voyant qu'à Assise y avait une grande solennité, et que moult gens y allaient avec grande dévotion, il lui vint envie d'aller à cette solennité ; et oyez comment. Se dépouilla frère Genièvre tout nu, et ainsi s'en vint, passant par tout Spolète par le milieu de la ville, et arriva au couvent ainsi nu. Les frères, moult fâchés et scandalisés, le reprirent moult âprement, l'appelant fol et insensé et perturbateur de l'Ordre de saint François, et disant que comme fol il le faudrait enchaîner. Et le général qui était alors dans le couvent, fait appeler tous les frères et frère Genièvre, et, en présence de tout le couvent, lui fait une dure et âpre correction. Et après moult paroles, par autorité de justice, il dit à frère Genièvre : Ta faute est telle et si grande, que je ne sais quelle pénitence convenable te donner. Répondit frère Genièvre, comme quelqu'un qui se délectait de sa propre confusion : Père, je te la veux enseigner : qu'ainsi comme je suis venu jusques ici nu, par pénitence je retourne jusque là d'où je me suis rendu à cette fête. A la louange de Jésus Christ et du petit pauvre François. Amen.

COMMENT FRÈRE GENIÈVRE FUT RAVI, PENDANT QUE SE CÉLÉBRAIT LA MESSE

ÉTANT une fois frère Genièvre à ouïr la messe avec moult dévotion, fut ravi par élévation d'esprit et durant un grand espace de temps ; et laissé là longtemps dans la chambre par les autres frères, rentrant en soi, commença avec grande ferveur à dire : O mes frères, qui est en cette vie tellement noble, qu'il ne porterait volontiers une corbeille de fumier par toute la terre, si lui était donnée une maison toute pleine d'or ? et disait : Hélas, pourquoi ne voulons-nous supporter un peu de vergogne, afin que nous puissions gagner la vie heureuse ? A la louange de Jésus Christ et du petit pauvre François. Amen.

DE LA TRISTESSE QU'EUT FRÈRE GENIÈVRE
DE LA MORT
DE SON COMPAGNON FRÈRE AMAZIALBENE

RÈRE Genièvre avait pour compagnon un frère qu'il aimait intimement, et avait nom Amazialbene. Cettui avait bien en soi vertu de haute patience et obéissance ; pour ce que, si durant tout le jour il eût été battu, onques ne se serait plaint, et n'aurait réclamé seulement d'une parole. Il était souvent envoyé en inspection aux couvents où y avait une famille difficile, dont il recevait moult persécutions; lesquelles il supportait moult patiemment, sans aucune plainte. Cettui, au commandement de frère Genièvre, pleurait et riait. Ores mourut ce frère Amazialbene, comme plut à Dieu, en excellent renom ; et oyant frère Genièvre parler de sa mort, en reçut tant de tristesse en son âme, que onques en sa vie eût reçu d'aucune chose sensible. Et ainsi par le dehors démontrait la grande amertume qui était au dedans, et disait : Hélas, malheureux que je suis, que ores ne m'est demeuré aucun bien, et tout le monde est ruiné en la mort de mon doux et très aimant frère Amazialbene ! Et disait : N'était que je ne pourrais avoir paix avec les frères, j'irais à son sépulcre, et prendrais son chef, et du crâne ferais deux écuelles : l'une dans laquelle, en mémoire

de lui, à ma dévotion je mangerais toujours ; et l'autre avec laquelle je boirais, quand j'aurais soif ou envie de boire. A la louange de Jésus Christ et du petit pauvre François. Amen.

DE LA MAIN QUE VIT FRÈRE GENIÈVRE DANS L'AIR

TANT une fois frère Genièvre en oraison, et peut-être pensait-il de soi de grandes choses, et lui paraissant voir une main dans l'air, il ouït avec les oreilles corporelles une voix qui lui dit ainsi : O frère Genièvre, sans cette main tu ne peux rien faire. Dont tout soudain se leva, et levant et dirigeant les yeux au ciel, dit à haute voix, allant et venant par le couvent : C'est bien vrai, c'est bien vrai ; et ce par bon espace allait répétant. A la louange de Jésus Christ et du petit pauvre François. Amen.

CE LIVRE

DE LA VIE DE FRÈRE GENIÈVRE A
ÉTÉ TIRÉ A CENT SOIXANTE-QUINZE
EXEMPLAIRES. LES COMPOSITIONS DE
M. MAURICE DENIS ONT ÉTE GRAVÉES
PAR M. JACQUES BELTRAND AIDÉ DE
SES FRÈRES CAMILLE ET GEORGES.
L'IMPRESSION DU TEXTE A ÉTÉ
FAITE PAR L'IMPRIMERIE STUDIUM.
LES COMPOSITIONS IMPRIMÉES SUR
LES PRESSES A BRAS DU GRAVEUR PAR
MM. MARCEL LACOU ET ÉMILE LAINÉ.

EXEMPLAIRE N° 10

9 782329 687087